분홍이라니

같이 가는 시 011

분홍이라니

최정란 시집

같이 가는 기분

시인의 말

다정한 불안들에게 오후를 내주고
무거울수록 가벼워

다행이다

2025년 9월
최정란

차례

1부

상자가 상자를 낳는

소녀들은 가방에 제 영혼을 매달고 다닌다　　15
딸기애인　　16
상자놀이　　19

2부

명랑한 오전이에요

찔레장미　　25

빵 냄새에 무슨 죄가 있나요　　26

티파니에서 상자를　　29

조용히 나가기　　30

진흙모자　　32

모빌　　35

한 달 살기　　36

포장의 기술　　38

투명 파일　　40

캥거루입니까　　43

3부

가장 질긴 불안을 감싸고

분홍검객　　47

동그란 분홍 각설탕　　48

분홍 라꾸라꾸　　49

분홍 구루푸　　50

분홍벼　　51

분홍비　　52

분홍역　　53

분홍해적　　56

분홍 페인트공　　59

레이디 핑크 자몽 하이볼　　60

분홍 선물　　62

분홍 연구소　　65

분홍폐족　　67

분홍숨 -산양　　69

잿빛 분홍 코끼리　　73

분홍의 서쪽　　75

분홍 퇴근 -채송화　　76

4부

아닌 게 아니라 달래주는 역할을 맡아요

반송　　79

아닌 게 아니라 사과가 궁금해요 -애플 아이폰　　80

거리로 나온 미인도　　　83

해변의 검은 혀　　　85

폐허　　86

석류의 세계　　　90

귀곡잔도　　　91

슬픔, 그 잡채　　　93

모래도시 1　　96

모래도시 2　　98

5부

꺌롱, 이쪽을 옮겨가면

구글 지도 -Google Map, or Begging Map   103

잠실   105

돼지들   107

꺌롱살롱   108

외인부대   110

두부   112

어중간   113

마지막 카페   116

숨의 은둔자들   118

저쪽   120

작품 해설 | 신상조 (문학평론가)
해석으로서의 '상자'와 탈주하는 '분홍'   123

1부
상자가 상자를 낳는

소녀들은 가방에 제 영혼을 매달고 다닌다

파란 갈기 투명 날개 달린 흰 말, 초록 눈 붉은 늑대, 꼬리가 말려 올라간 분홍 돼지, 빵모자를 쓴 오렌지, 푸른 눈으로 바라보는 달, 플라스틱 노란 별, 코가 짧은 코끼리, 빙하를 덮어쓴 매머드, 운석과 충돌하는 공룡알 화석, 앞다리가 나오지 않은 올챙이 혹은 개구리, 꿀통을 잃은 곰돌이 푸, 부화하지 않은 독수리알, 머리에 꽃을 얹은 고릴라, 아무 말도 따라 한 적 없는 앵무새, 유리잔에 담긴 구름, 엔진실에 갇힌 검은 고양이, 떨어지지도 증발하지도 않는 물방울, 목부터 꼬리뼈까지 수직으로 고정된 깁스, 금붕어를 삼킨 컵, 앞니가 퇴화한 미키마우스, 먼지와 먼지를 연결하는 스파이더맨, 금속 재질의 풍선 강아지, 언제 밀봉되었는지 언제 개봉될지 알 수 없는 깡통, 다시 넣는 법을 몰라 바깥에서 두근거리는 심장, 살았거나 살게 될 소녀들은 매달 수 있는 모든 영혼을 매달고 다닌다 소녀들의 가방에는 보이는 것보다 보이지 않는 영혼이 더 많이 매달려 있다

딸기애인

꼭지를 따고 센 불에 졸여요 설탕을 넣고
또 졸여요 형태가 으깨지고 뭉근해질 때까지

주걱으로 휘휘 젓다가 작은 돔처럼
기포가 동시다발로 부글거리며 끌탕이 시작되면
불을 낮추고 다시 저어요
타지 않도록

딸기를 보고 있으면 믿고 싶어져요
불편을 연료로 영혼을 헛되이 끓이는 나도
이따금 내 삶의 달콤한 적임자라고

울컥과 서러움의 적임자 같은, 나만 없으면
더 잘 돌아갈 세계를 의심치 않지만, 내가 없으면
따위 가정을 버리게 돼요

두려워요 망치게 될까 봐, 이 말도 잊어요
딸기 앞에서 두려울 게 뭐 있어요
태울 수도 있지요
알맞은 점도와 당도를 얻지 못하더라도
그게 뭐 어때서요
실수하든 망치든 살아있기만 하면
삶의 표면에 얇게 펴 바르는 데는 아무 지장 없어요

마음 졸이는 건 일상이잖아요
삼키다 목에 걸려 꺽꺽거리는 말들
뾰족하고 시고 차가운 덩어리를
끓이고 졸여
삼키기 쉬운 걸쭉한 잼으로 만들어 보아요

이 생에 다 못할 불가능한 복수 잠시 내려놓고

무슨 이유를 만들어서라도
끝물 봄날을 뭉근히 끓여보기로 해요
달콤하고 끈적하게 입술이 쩍쩍 달라붙도록

그러니 약속해요
딸기밭 가기로, 다 늦은 이 봄이 가기 전에
어디든 좋아요
자, 새끼손가락 내밀어요 손가락 걸고
엄지도 내밀어요 도장 찍어요

한 입 깨문 봄의 붉은 몸에서 달게 흘러나오는
즙이 많은 목소리는
누구의 다정한 그늘일까요

상자놀이

청테이프가 상자를 둘둘 말고 있다 미라처럼
상자는 단단히 묶여 있다
함부로 풀리지 않겠다는 듯 단호하게

풀리지 않는 수수께끼
풀리고 나면 절벽 아래로 뛰어내리는
상자는 어떤 영웅도 퇴치하지 못하는 스핑크스

상자만큼 궁금한 것이 없다
상자만큼 안달하는 것이 없다
상자만큼 부끄러운 것이 없다

상자가 도착한다 이마에 이름과
주소가 적힌 라벨을 붙이고

역병과 괴물의 바다를 관통해서 상자가 도착한다

상자만큼 기다리는 것이 없다
상자만큼 애타는 것이 없다
상자만큼 설레는 것이 없다

상자는 파손 주의 스티커를 훈장처럼 달고 온다
깨지기 쉽다는 듯
깨지기 쉬워 아름답다는 듯
깨지기 쉬워 성스럽다는 듯
벨이 울리고 상자가 남고 사람이 사라지고

상자만큼 찬란한 것이 없다
상자는 상자 그 자체로 기쁨의 기관, 나도
너에게 가서 상자가 되고 싶은 걸까, 나도

한때 너의 상자였을까

상자만큼 기쁜 것이 없다
상자를 개봉하는 순간만큼 기쁜 순간이 없다
상자를 개봉하면 그뿐, 오늘 몫의 기쁨이 다 한다

위안이 되지 않는 위안이라면
내일은 내일 몫의 상자가 도착한다
내일 또 내일, 성실하게 주문을 기다리는 상자들

상자만큼 완벽하게 비워지는 것이 없다
상자만큼 나를 비우는 것이 없다
상자만큼 내 안에 내가 없는 것이 없다

낮의 상자에 밤을 넣고 밤의 상자에 낮을 넣는다

밤의 상자가 낮을 낳고 낮의 상자가 밤을 낳는다

상자 안에 몸을 넣는다
상자 안으로 마음이 따라 들어간다
상자 안에서 몸을 오그린다
상자 안에서 마음이 오그라든다

팔다리를 오그리지 않아도 되는 상자,
언제인가 길게 마음을 눕힐 상자가 도착할 것이다
상자를 들락거리며 상자를 연습한다
번갈아가며 서로를 낳는 자매들처럼

상자만큼 아프게 하는 것이 없다
상자만큼 슬프게 하는 것이 없다
상자만큼 울게 하는 것이 없다
상자를 포장하는 것만큼 통곡하는 놀이가 없다

2부

명랑한 오전이에요

찔레장미

우리 집에 놀러 와. 장미가 예뻐. 너무 늦기 전에 와. 유예된 초대가 잊을만하면 갱신된다. 오월 초에 와, 십일 전후, 놓치기 좋아. 너무 짧은 며칠. 빠르거나 늦거나. 작년에도 올해도 계속되는 초대, 언젠가 끝나겠지. 사무치는 말, 너무 늦기 전에. 이 초대를 잡으면 삶이 되고. 이 초대를 놓치면 시가 되고, 오늘 제일 예뻐. 봉오리가 더 많은 후회가 장미의 환대 속으로 들어간다. 우리는 이제 두고두고 벌레와 가시를 이야기하는 사이가 될 것이다.

빵 냄새에 무슨 죄가 있나요

입 짧은 공주들 외에도 돌보아야 할 아이가 일곱, 나는
오래전 문 닫은 백설빵집을 다시 열어 환기를 시켜요
오븐의 재와 먼지를 닦고
빵 반죽이 부풀어 오르기를 기다려요

지금 쌓이는 저 검은 눈은 초보 제빵사의 손에서
석탄 더미 위로 쏟아진 아이스크림 조각이고요

빵 냄새를 상상하면 막장의 음압도 견딜만해요
밤에는 말랑말랑한 흰 빵을 먹을 수 있겠어요
탄광에서 탄 빵을 먹는 것도 오늘이 마지막이겠지요
석탄을 캐는 아이들이 수시로 전언을 보내오고요

오늘은 바빠요 도시락 택배가 있거든요, 그 전에 빵장수
모자를 쓰고 애플파이를 챙겨 공주를 찾아가야 해요

사과를 싫어하는 공주도 애플파이라면 사족을 못 쓰지요

흰 앞치마를 입은 이 방문은 중요해요
학교는 문을 닫고 빵의 동선은 추적되니까요
딱딱한 급식 바우처 비대면 도시락 대신 아이들에게
크림과 치즈와 버터가 가득 든 빵을 배달 할 거예요

빨간 스쿠터를 타고 배달을 다녀온 오후에는 생강과자와
초콜릿과 사탕과 빵으로 숲속에 집을 지어야 해요
길 잃은 말라깽이 아이를 통통하게 살찌워야 해요

저기 창가 브런치 테이블 보이시지요
백 년의 잠에서 깨어나 지금이 어떤 시국인지
세상 물정이라고는 모르는 공주가 탑 위에서 재배되는 긴
머리 상추와 재투성이 소녀를 초대해 호밀빵 토스트에 삶

은 계란, 브라타치즈 샐러드와 홍차를 나누는
명랑한 오전이예요

걱정 마세요 세 사람은 괜찮아요
클래식 에프엠 라디오 볼륨을 조금 올릴께요

티파니에서 상자를

월계수 잎 목걸이가 담겨있는 작은 상자에게
스무 살 생일의 흰 목을 내주었다

반짝이는 작은 상자가 예뻐서, 다만 예뻐서
기꺼이 발목을 내주고 싶은 것일까

구름 손가락과 새벽 손목, 버섯 귓볼에
빈 상자를 희망 대신 건네주었을까

지금 담지 않으면 녹아 사라질 육각형 결정에
가장 어울리는 상자를 찾아 헤맸을까

첫눈을 담을 상자의 크기를 고민하느라
일생을 탕진한 똑똑한 바보를 한 명 안다

조용히 나가기

새 기능이 추가되었다는 소문을 확인해요
업데이트, 전체 설정, 실험실 이용하기,
카카오실험실을 찾아
좁아지는 경로의 골목을 차례대로 선택해요

실험실 기능은
바람처럼 나타났다 소리 없이 사라질 수 있습니다*
논문의 주석처럼 매달린 문장에 발목이 잡혀요
이 문장으로 미루어 이 기능을 만든 사람은 시인이지요
바람처럼 왔다가 이슬처럼 갈 순 없잖아**
어디를 배회하고 있었을까요
노래 한 구절이 다녀가요

조용한 채팅방, 말풍선 번역, 음성메시지 글자 변환
팻말이 달린 문 안에서

비커와 샬레와 현미경과 리트머스 시험지를 통과하며
이 기능은 실험 중일까요

어쩌다 초대받아 들어간 단체 채팅방,
나오기도 머물기도 어정쩡할 때
수많은 화기애애한 대화 알림이
얼마 남지 않은 배터리를 방전시킬 때
나가는 흔적 없이 조용히 나가요

생로병사의 구조에 이 기능이 추가된 지 오래지요
새로울 것 없어 새로운, 생의 슬픈 모방인
조용히 나가기 기능을 환영해요

* 카카오톡
** 조용필, 킬리만자로의 표범

진흙모자

이 도시 사람들은 일생의 한 시기 동안 머리 위에
진흙을 쓰고 다닌다
범람하는 강물이 운명을 바꿔놓기 때문이다

범람의 시기는 빠를수록 다정하다
진흙을 일찍 익힐수록 생존 기술이 정교해지기 때문이다
낮은 곳을 견디는 질척한 기술은 이 도시를 살아가는 사람들에게 무엇보다 중요한 힘이 된다

저지대에서 떠난 후에도 오래
진흙을 모자 대신 쓰고 다닌 이력은 지워지지 않는다

이마 위로 흘러내린 어렴풋한 얼룩은 훈장이 되고
푸른 피는 이 얼룩을 사고팔아 왕이 될 금화를 모으지만
너무 선명한 얼룩은 때가 되기 전까지 숨겨야 한다

선명하고 뚜렷한 얼룩은
저지대 도시국가의 순혈이라는 증거이기 때문이다

저지대를 계승하기를 거부하는 순혈은
표적이 되지 않기 위해
머리를 모자로 가리고 이마를 빵으로 덮지만
감염된 뼈는 빠르게 녹이 슬고
물이 차올라 젖은 소문은 빠르게 항간에 스며든다

한번 큰물이 지나가면, 녹슨 소문을 폐기하기 위하여 달려오는 병사들의 손에 든 멍키와 스패너가 분주해진다

물에 잠긴 사람들 하나둘 물에 젖은 영혼을 팔아
고지대로 이민을 가고
구멍 뚫린 영혼조차 일찌감치 저당 잡힌 사람들은

더 낮은 곳으로 미끄러져 내려간다

아침이면 강의 아래쪽을 짐짝처럼 포개져 통과하는
빽빽한 농담을 출근이라 부르고
저녁이면 계단을 가파르게 걸어 올라 다시 계단을 내려가는
고관절의 헐떡이는 리듬을 퇴근이라 부른다

물의 국경을 통과하지 못한 사람들의 녹아내린 무릎이
도시국가의 주춧돌이 된다

진흙이 두껍게 덮인 자리부터 가을이 오고
쓸쓸한 사람들은 터무니없이 아무 얼룩이나 믿고 싶어 한다

모빌

매달린다 매달린 사람에, 매달린 발목에, 매달린 무릎에, 매달린 허리에, 매달린 손목에. 매달린다 떠나는 입술에, 떠다니는 빈말에, 떠미는 마감에. 매달린다 거미줄에, 비단실에, 전깃줄에, 철삿줄에. 매달린다 천정에, 절벽에, 빌딩에, 유리 벽에, 밧줄에, 풀잎 끝에, 꽃잎 끝에, 가지 끝에, 이슬 끝에, 바람 끝에, 안개 끝에, 허공 끝에. 매달린다 동굴에, 시장에, 광장에, 병원에, 자본에, 시계추에, 피와 뼈에. 매달린다 빛에, 어둠에, 그늘에, 먼지에, 서쪽에. 매달린다 오지 않는 전화에, 침묵에, 말머리에, 말꼬리에, 그림에, 노래에, 인정에, 거짓 희망에. 매달린다 없는 사랑에, 유효기간이 지난 약속에, 희박한 삶에. 죽어라 매달린다 죽어라 매달려 보지 않고는 알 수 없는 죽어라 매달린 세계에.

한 달 살기

시간의 냄새를 맡기라도 하듯
바람이 가득한 사진이 코를 벌름거린다
한 달은 얼마나 아득한지

삶의 둘레를 날마다 걷고
삶의 기울기를 날마다 오르내리고
밤마다 오렌지빛 불이 켜지고
아침마다 갓 짠 즙이 흘러넘치고

한 달 섬에서 살기로 했어 한 달 후에 만나
바다와 바람과 숨을 나누어 마시고
한 달 후 오롯이 다른 사람이 되어
아주 돌아오지 않겠지

벽에 걸린 한 달을 찢어 어딘가에 던져두고 살았을까

그곳이 오늘의 남쪽이라 여기며
아무 일도 없는 것처럼 능청스럽게
가슴 아프지 않은 것처럼 명랑하게

한 달이라는 시간을 잘 돌보면
어디 있는지 모르는 기적
아프지 않은 원래 자리로 돌아갈 수 있을까

한 달이 얼마나 긴지
한 달 후는 얼마나 아득한 먼 곳인지
사진에 손을 넣어 바람을 쓸어보듯
손가락 사이로 빠져나가는 시간의 숨결,
한 달은 얼마나 순식간인지

떠나온 수많은 한 달은
어디에서 또 한 달 살기에 제 등을 내주고 있을까

포장의 기술

뿔을 자르고, 꼬리를 자르고, 지느러미를 자르고
이빨을 뽑고, 손톱을 뽑고, 뼈를 바르고
피 냄새를 지우고, 비린내를 지우고
원래의 모양을 알 수 없도록 토막을 치고

둥근 향기가 움직이지 않도록
스티로폼 침대에 눕히고
작은 소리일수록 더 큰 상자에 넣고
핏물의 비명이 새어 나가지 않도록 밀봉한다

잘리기 쉬운 혀에 말랑말랑한 완충재를 채우고
깨지기 쉬운 심장을 뽁뽁이로 감싸고
투명 플라스틱 상자를 한 겹 더하고
쇼핑백과 포장지와 택배상자를 고른다

금색 보자기에 박쥐 매듭을 묶을까
청홍 테이프로 나비 리본을 묶을까

리본을 자르는 가위 끝에서
어류인지, 조류인지, 파충류인지 모르는
포장이 완성된다

최대한 자연스럽게 겹겹이 부풀린 온순한 과대포장,
오늘의 마음이 발송을 기다린다

투명 파일

늦은 밤이 혼자 깨어 눈을 부빈다
잘못 보았을까 책상 뒤로 미끄러지는 저것은
여우 꼬리가 분명하다

여우에는 답이 없다
마음 대신 몸을 숨기는 여우는 정말 어렵다
차라리 마음을 숨기면 조금 나을지 몰라

안경을 닦으며
뻑뻑한 눈을 들어 올렸을 때, 여우는
충혈된 몸을 납작하게 바꾼 뒤였다

호밀빵을 우물거리며 밤이 여우에게
우유에 적신 혼잣말을 던져준다
여우야 여우야,

기결이 여우를 통째로 소화시키기 전에
미결의 허기를 채우기 위해
밤은 혼잣말을 한 번 더 우물거렸다
여우야 여우야,

깃털을 날리며 날개를 푸덕거리는
닭이라면 모를까
내장이 텅 빈 여우는 대답 대신
더 납작하게 몸을 낮추었다

에이포지에 맞춤한 분홍 심장이 투명해지기까지
불가능을 인정하며
야성을 하나씩 결재했을까
늦은 밤을 기다리다 속속들이 지쳤을까

뱃가죽이 등에 들러붙은 여우는 점점 더 희미해지더니
노란 눈빛도 뾰족한 이빨도 긴 털도
감출 수 없는 여우가 되었다

냄새가 투명해지자 여우는
다 보이면서 아무 데도 보이지 않았다

캥거루입니까

엄마의 육아낭으로 돌아가기로 해요 혼자 살겠다는 독립의 결심, 호기롭게 떠벌린 해방의 말들 삼켜요 높이 멀리 도약하겠다고 힘준 꼬리 관절들에 휴식을 주기로 해요 어긋난 꼬리뼈들 제자리로 돌아갈 때까지 쉬기로 해요 들키지 않게 들어가야 해요 소문 없이 조용히, 명심해요 골목을 들어갈 때 특히 조심해야 해요 아는 얼굴 만나지 않도록 모자를 눌러써요 담장이 낮은 마당까지 꼬리를 끌고 가요 패랭이꽃이나 수레국화를 만나더라도 눈을 맞추지 말아야 해요 열쇠는 현관 앞 두 번째 토분 밑에 숨겨져 있어요 쉿, 현관을 통과하더라도 방심해서는 안 돼요 제가 보고 싶을 땐 두 눈을 꼭 감고 나지막이 소리 내어 휘파람을 부세요* 엄마는 여전히 음악을 좋아해요 엄마 뱃속에서 들은 옛 노래를 향해 길게 뻗어나가는 팔과 다리를 오므려요 태아처럼 작게 더 작게 몸을 웅크려요 언제 이렇게 엄마가 비좁아졌을까요 육아낭이 터질 것 같아요

유통기간 지난 지 오래인 엄마의 육아낭 밖으로 삐죽 머리가, 삐죽 다리가, 삐죽 꼬리가 삐져나가요

* 정미조

3부
가장 질긴 불안을 감싸고

분홍검객

뼈가 드러난 복수의 앙상한 어깨에
분홍두루마기 비스듬히 걸치고,
허름한 분홍문학, 폐관수련 중이다
칼집은 무너지고 술병은 비어
마시는 시늉만으로 취하는 봄날
도화도 복사꽃이 권하는 도화주 빈 잔
두 손 머리 위로 공손히 받아든다
숫돌 위에 벼린 검劍 검게 녹슬고
사랑도 배신도 연인도 원수도
취생몽사, 몽생취사 한바탕 분홍이다

동그란 분홍 각설탕

서로의 말들의 어깨를 더듬더듬 더듬는 소녀들, 서로의 문장을 외줄 타듯 비틀비틀 걷는 소녀들, 콩콩 뛰는 심장을 손 위에 꺼내 든 소녀들, 입을 반쯤 열고 옹알거리는 소녀들, 해풍 같은 소녀들, 머리 위로 금실이 반짝이는 소녀들, 아침마다 바다를 찾아오는 소녀들, 파도의 닫힌 문을 똑똑 두드리는 소녀들, 바다의 선물 같은 소녀들, 웃으면 어깨 뒤에서 물고기 지느러미가 파닥거리는 소녀들, 분홍 혀로 각설탕의 각을 녹이는 소녀들, 분홍 잇몸 사이로 물고기 떼가 빠져나오는 소녀들

분홍 라꾸라꾸

누구의 발목도 자르지 않아요 누구의 흰 목도 잡아 빼지 않아요 누구의 척추도 당겨 늘이지 않아요 아무도 해치지 않아요 악몽은 잊어요 남은 한 자리 주세요 그 라꾸라꾸, 이 침대는 아무것도 맞추라고 강요하지 않아요 검은 라꾸라꾸를 팔고 분홍 라꾸라꾸를 사고 라꾸라꾸를 출발해요 라꾸라꾸를 달려요 라꾸라꾸를 향해 달려요 베개버스 보내고 담요트럭 보내고 오리구름 헤치고 고래바람 헤치고 공룡기념관 헤치고 상어시장 헤치고, 라꾸라꾸가 달려가요 등대 밝히고 부표 띄우고 물결 타고, 하루에 두 번 출항하는 라꾸라꾸, 아침이면 안개가 짙은 라꾸라꾸, 한 달이 일 년이 되고, 일 년이 일생이 되고, 이번 생의 목적지는 라꾸라꾸, 당신의 침대는 너무 단단하고, 해먹은 흔들리고, 분홍의 빈 라꾸라꾸에 무엇을 태워야 하나* 파랑도 금지도 잊어요 이따금 결항해도 좋아요

* 유미리, 내 젊음의 빈 노트

분홍 구루푸

단발머리 앞머리에 매달린 구루푸 대롱대롱 뙤똑하네 소녀들 연신 깔깔대네 무엇이 그리 우스운지 터져 나오는 분홍 웃음소리 굴러가네 유리구슬 쟁쟁 울리네 교복 치마 밑에 체육복 바지 겹쳐 입고 섬으로 소풍 가네 여객 터미널, 줄지어 서서 배를 기다리는 사람들 빙그레 웃거나 말거나, 소녀들 분홍이네 배에서 내릴 무렵이면 톡 튀어 나온 이마 위에 동그마니 짧은 앞머리 매달리겠네 분홍 구루푸 돌돌 말아 올린 저 희디흰 시간, 어떤 깊은 소용돌이도 저 어여쁜 분홍 가리지 못하리

분홍벼

제때 넓은 논에 옮겨 심어야 마음껏 뿌리를 뻗을 텐데, 엄마는 아프니까, 아버지는 바쁘니까, 아무도 모내기 해주지 않아, 모판을 떠나지 못한 벼의 어린싹, 나는 싹 틔우고 자란 모판에 머물러요 남은 벼들 시무룩하고 심드렁한 모판은 바람 한 점 들어올 틈 없이 좁아요 대도시로 유학 떠나고, 이웃 도시로 기차 통학 하는 친구들이 주말이면 들려주는 넓은 세계와 미래와 열매를 들어요 모내기 철 다 지나서야 어찌어찌 천수답에 옮겨질까요 여기서 성장이 멈출까요 걱정은 걱정대로 하지만, 키가 멀쑥 자라요 이렇다 할 세계도 미래도 열매도 모르면서, 꽃이 피기 시작해요 자꾸 꽃 피다 보면, 어떻게 될까요 어떻게 안 되어도 할 수 없지만, 어떻게 되겠지요

분홍비

오래된 골목을 걸어가는 분홍 비옷, 불안이라고는 모르는 것처럼 무심히, 우울이라고는 모르는 것처럼 가볍게, 가느다란 분홍 발목이 분홍 물웅덩이를 찰박거리고,

분홍 손바닥 눌러 인공 호흡법을 연습하고, 가벼운 들 것을 준비하고, 분홍 연기 신호 읽는 법을 배우고, 분홍 비상식량을 쌓고,

쓰나미가 검은 입을 벌리고 분홍의 시간을 덮을 때, 살고 싶어지라고, 간절히 살아달라고, 무슨 일이 있어도 제발 살아달라고,

분홍역

분홍에 가기 위해
너무 빠른 기차는 타지 않아야 한다
멈추는가 싶은 분홍기차가 달아나듯 출발한다

분홍은 얇아 순식간
너무 빠른 속도는 어어, 하는 순간
분홍을 흩어버린다

한 번 스쳐 지나간 분홍은
다시 되돌아 갈 수 없어
빠르게 농도가 짙어지거나 색이 바랜다

분홍에 가기 위해
너무 느린 기차도 타지 않아야 한다

분홍에 도달하기 전에 분홍이 끝나고 만다

가출하고 말 결심을 다지던 분홍플랫폼에서
분홍 철로를 건너 백 걸음쯤 걸어가면
툇마루 나무 뒤주에 앉아 공부하던
짝사랑이 살던 집

손가락만 한 호두벌레가 뛰어내리는 호두나무
골목 안으로 꺾어 돌면, 흰 탁구공
톡톡 튀는 동그란 시간을 주고받던 분홍탁구장
큰길 왼쪽에 분홍문구사
갈림길 오른쪽에 분홍편지를 삼킨 분홍우체국

떠난 줄 모르고 떠난 분홍역에서
아무 말도 쓰여있지 않은 얇은 분홍을

한 장씩 질겅거리며

얼마나 많은 분홍손을 흔들었을까

분홍해적

빈칸에 해적이라 적는다 장래희망은 왜 해마다
갱신되어야 하나

되고 싶은 것이 너무 많아, 실은
되고 싶은 것이 아무것도 없어, 없음
썼다가 지우고 다시 적는다 무언가는 적어야 하니까

해적이라니, 도대체 너는 뭐가 되려고
해석하기를 좋아하는 길쭉한 손이
새 나라 청소년의 원대한 장래 희망을 지우기라도 하겠다
는 듯 칠판지우개를 과장되게 흔든다

해적이 어때서, 골똘 분홍, 낙서가 도드라진다
골통 분홍이겠지 교무실로,

학년이 바뀌었으므로 불려 간다

장래가 농담 같아,
각진 입들이 한 마디씩 물음표 달린 훈계를 보탠다

농담이면 좋겠어요, 저도
진담이어서 힘들어요, 저도
아무도 내게 무엇이 되기를 기대하지 않으면 좋겠어요

다행히 입안에 머물 정도의 분별이 있어
있어야 할 자리를 아는 혼잣말이
분홍고래를 타고 가슴 속으로 돌아 내려간다

일찍 철드는 일은 이래서 나쁘다
참는 법을 가르치니까

조금씩 조금씩 가슴에 화약을 모으니까

너무 오래 나 말고 다른 것이 되고 싶었을까
무언가 자꾸 누적된다
한꺼번에 터지는 불상사가 없어야 할 텐데

가정 시간 숙제로 앞치마 대신 해골 아플리케 분홍돛
만들며 진짜 내가 되는 일을 고심한 한 철이
어쩔 수 없이, 고분고분 지나간다

분홍 페인트공

그의 전공은 분홍철학이다, 분홍종교, 분홍화학, 분홍물리를 두루 거치고, 분홍 앙가주망에 투신, 분홍의학으로 몸을 구한 후 분홍미학으로 영혼을 회복 중이다. 분홍으로 대문을 칠하고, 분홍으로 장미를 칠하고, 분홍으로 렌즈를 칠한다 초봄부터 수요가 너무 많아, 주문이 폭주하는 분홍, 여름이 오기 전에 일찌감치 매진, 색이 바랜 분홍논리는 스피노자의 그늘로 들이고, 재고가 남은 분홍이성은 데카르트에게 털리고, 잔고가 남은 분홍이념은 마르크스에게 이체하고, 혹은 그 순서가 바뀌어도 상관없는 그는 오늘도 성실하게 분홍의 농도를 맞춘다

레이디 핑크 자몽 하이볼

넷은 산토리니 하이볼, 하나는 자몽 하이볼. 다른 잔은 모두 레몬 빛, 하나만 핑크 빛, 왜 다르냐고, 다 같으면 획일화, 하나쯤 다른 게 있어야지. 그리고 핑크, 핑크는 항상 옳고, 술맛을 모르는 소녀 취향을 존중하고, 키치는 누군가의 힘

이건 술이 아니야 이래서야 어떻게 술이라 할 수 있어 항의가 난무하고, 중구난방, 취한 척 떠들어대고, 러시아계 웨이트리스가 차가운 얼굴로 다녀가고, 무서운 표정의 소믈리에가 위스키 잔을 들고 오고. 한 잔을 네 잔에 나누어 추가하고, 이제 좀 낫네 어여쁜 술꾼들 같으니라고

한 잔에는 위스키 추가 안 하고, 소녀가 마실 거니까 주민등록이 잘못되고, 누군가 오랜 뒤에 태어나고, 인적 드

문 온천장 거리가 일어나 춤을 추고, 같은 동선의 셋을 태운 택시가 한 명 한 명 취객을 집 앞에 배달하고, 미친 밤이 깊어가고.

분홍 선물

처음엔 분홍 마음이
조심스레 가져오던 분홍들이었어요
소심하고 단정한 분홍,
향기처럼 묻어나는 분홍

열두 개의 알이 나란히 담긴
분홍 한 줄,
분홍 지느러미가 단단한
구운 분홍 한 마리,
집에서 만든 달콤한
수제 분홍 한 병,
손바느질로 조각을 이어 붙이고
누빈 분홍 한 장,

분홍으로 지은 분홍을 입힐 분홍,

계단이 없는 분홍에서,
창문이 없는 분홍으로 이동한 분홍

분홍은 금방 동이 나는 걸까요

분홍에게 분홍을 표시하기 위한
분홍의 목록은 짧아, 그 후
분홍들은 온갖 분홍을 가져오기 시작해요

부패가 삼십 프로 진행된 분홍,
다리가 하나 부러진 분홍,
파랗게 멍든 분홍,
모서리가 날카로운 분홍,
금이 간 분홍,

먹을 수도
덮을 수도 없는 목록이 길어져요

분홍 연구소

너무 묽지도 너무 빽빽하지도 않게
분홍의 농도를 맞추고
너무 짙지도 너무 엷지도 않게
분홍의 채도를 맞추고
너무 질척하지도 건조하지도 않게
분홍의 담도를 맞추고
너무 빽빽하지도 성글지도 않게
분홍의 밀도를 맞추고
너무 밝지도 어둡지도 않게
분홍의 명도를 맞추고
너무 쓰지도 달지도 않게
분홍의 당도를 맞추고
너무 시지도 미끄럽지도 않게
분홍의 산도를 맞추고
너무 짜지도 싱겁지도 않게

분홍의 염도를 맞추고
너무 심심하지도 맵지도 않게
분홍의 신도를 맞추고
너무 달라붙지도 떨어지지도 않게
분홍의 점도를 맞추고
너무 뜨겁지도 차갑지도 않게
분홍의 온도를 맞춘다

모래알처럼 조각조각 난
분홍을 섞고 휘젓고 뒤집고 흔든다

백 년 후에 다시 태어나면
정확한 분홍을 생산할 수 있을까

분홍폐족

아삭한 분홍, 고소한 분홍, 섬세하고 화려한 분홍, 우아한 분홍, 거품 가득한 분홍, 부드러운 열을 발산하는 분홍. 붉은 자갈과 춤추는 분홍. 파도에 어둠을 씻는 분홍, 몽돌 소리와 노래하는 분홍, 쓴 약의 표면을 덮은 당의정 분홍, 타원형 분홍, 둥근 분홍, 삼각 분홍, 사각 분홍, 겉면이 우툴두툴한 육각형 분홍, 설탕에 절인 분홍, 농익은 분홍. 쌉싸름한 분홍, 향긋한 분홍, 쿰쿰한 냄새가 나는 발효 분홍, 아늑한 분홍, 차가운 분홍, 거만한 분홍, 엄선된 분홍, 인상주의 분홍, 사적인 분홍, 공리적 분홍, 접근성이 떨어지는 분홍, 퇴적된 분홍, 끝까지 잘 버티는 분홍, 끝까지 힘을 잃지 않는 분홍, 상냥한 분홍, 친절한 분홍, 무뚝뚝한 분홍, 단단한 분홍, 조각난 분홍, 의욕과다 분홍, 화단에 버려진 분홍, 빨리 끓는 분홍, 힘내라 분홍, 이사를 한 번도 안 간 분홍, 한 걸음씩 나아가는 분홍, 뒷걸음치는 분홍, 옆으로 기어가는 분홍, 감정 기복이 큰 분홍, 빛바랜

시계 소리를 기억하는 분홍, 계좌잔고가 줄어드는 분홍, 손을 벌벌 떠는 분홍, 아침형 분홍, 미라클 분홍, 애달픈 분홍, 서러운 분홍, 대환장 분홍, 사사로운 분홍. 두툼한 분홍, 납작한 분홍, 한 잎 한 잎 물에 떠내려가는 분홍, 흐드러진 분홍, 헐벗은 분홍, 바람을 잡고 떠나는 분홍, 분홍 은신처, 끈적이는 분홍, 달고 다디단 분홍, 시대착오 분홍, 시절 인연 분홍, 반쯤 취한 분홍, 몸과 마음을 휩쓸어 가는 분홍 홍수, 거친 분홍, 방아쇠를 당기는 분홍, 언젠가 함께 불태워질 분홍, 불안을 건너는 데 분홍만한 것이 없어 분홍, 무작위로 모으는 분홍, 불가능한 분홍, 불편한 분홍, 분홍무덤 껴묻거리 분홍, 뾰족한 분홍, 미끄러운 분홍, 흘러내리는 분홍, 가장 애지중지하는 분홍은 깨지기 쉬운 분홍이다

분홍숨

-산양

투명한 현을 허공에서 팽팽하게 당기며
두 절벽에 바람을 거는 악공은
절벽을 내려오는 방법을 알기까지 얼마나 오래
벼랑을 살았을까

기름진 평야에 적응하기에 실패하고
완만한 풀밭에 영역 만들기에 실패하고
위로 위로 쫓기다
가파른 바위 능선을 서식지로 삼은
초식동물, 뿔이 제 심장을 향해 꼬부라진 짐승

수시로 제 안에서 천 길 벼랑이 솟아나는 짐승
제가 제 벼랑인 짐승

바위산의 뼈에 살을 붙이고, 대를 이어 피가

벼랑으로 스미는 동안
대를 이은 몰락이 일상이 되도록, 작은
실수를 허용하지 않는 무심한 추락이 뼈에 각인되도록
가파른 발굽이 단단한 절망에 최적화되도록
바위산을 타지만

몰락에도 더 이상 나아갈 곳이 없어
무너뜨려도 다시 솟는 벼랑을 박차야 하는 순간이 있다

누군가의 뿔을 밟지 않고는 건너뛸 수 없는 벼랑
그래도 건너뛰어야 하는 벼랑
죽어도 다른 산양의 뿔을 디딤돌로 디딜 수는 없어
죽을힘을 다해도 안전한 착지에 실패할 것을 알면서도
건너편 절벽을 향해 몸을 던진다

탁탁, 추락 아닌 추락을 박차며
탁탁, 추락일 수밖에 없는 추락을 박차며
맞은편 절벽을 향해, 처음 출발한 절벽을 향해
탁탁, 날마다 솟아나는 벼랑을 박차며
탁탁, 모든 아득을 밀어내며
맞은편 절벽을 향해, 처음 출발한 절벽을 향해

허공이 갈라지고 허공이 비워진다
절벽을 박차며 지그재그 허공을 내닫는
피투성이 발굽이 마지막 절망을 걷어차는 동안
천 길 바닥이 다가오고, 혼절한 혼이 몸을 빠져나가면
천 길 골짜기 풀밭에 산양이 숨을 내려놓는다

산양이 내려놓은 마지막 분홍숨을 받아
바람의 활이 연주하는 허공

절벽을 틀로 삼는 거대한 현악기가 완성된다

피투성이 발굽의 노래, 가파른 벼랑의 노래
절체절명도, 절박함도, 무모함도 모두 어쩔 수 없이
노래가 되는 벼랑에 산양이 산다

잿빛 분홍 코끼리

거울 속 두 귀가 코끼리의 얼굴을 더듬는다
한 겹 아래 죽음을 펄럭펄럭 다독거리며
얼굴과 귀가 확인하는 쓸쓸한 배후
거죽과 거죽이 만난 뼈의 잿빛 온도

오월은 푸르구나아 코끼리는 늙는다 무럭무럭
오늘은 코끼리날 우리들 세상,
코끼리가 가장 할 만한 일은
코끼리보다 더 오래 살아남을,
한숨도 열망도 내려놓고 낯 뜨겁지 않은 일

꿈이 있다면 분홍 코끼리로 다시 태어나는 일
아무 것으로도 다시 태어나지 않는 일

아침에 일어나지 않아도 괜찮은 날이

언제 지나갔을까
벗어나지 못해 안달하던
유리벽과 시멘트 정글이 나날이 좋아진다 염치없이

잿빛이 오기 전에 영원한 잠의 세계로 떠난
푸른 코끼리를 생각하면
얼마나 미안하고 쓸쓸한 행운인지
이렇게 분홍이 부끄러울 줄 미리 알았더라면
진작 늙어도 좋을 것을

좀 더 젊어 늙었더라면
좀 더 자주 귀를 펄럭일 것을
좀 더 다정하게 코를 문지를 것을

거울 속 코끼리의 영혼이 느릿느릿 붉어진다

분홍의 서쪽

여우로 살고 싶었을까 곰으로조차 살지 못했을까 삶이라는 늑대에 쫓겨 뛰어든 토끼 굴, 미로에서 길 잃었을까 날개 절반 다리 대신 꼬리 절반 뿌리, 영혼은 두고 몸만 변신했을까 이번 생의 후회는 철저히 짐승으로 살지 못한 것

태풍 일으켜 대양과 산맥 거칠게 내달리지 못하고 산들바람 불어오기 기다렸을까 우르르 번쩍 포효하며 천둥 벼락 일으켜 밤의 내부를 폭로하지 못하고 화들짝 죄 없는 어둠의 지붕 아래 숨어들어 숨죽였을까

절벽인 줄 모른 절벽에 뿌리내려 촉수마다 촘촘 달라붙는 흙의 지문 뿌리치지 못해 가뭄 절반 장마 절반, 말없이 견뎠을까 거짓말처럼 간절하게 피 아닌 피 허공에 쏟고, 몸 아닌 몸 문득 피웠을까

분홍 퇴근

-채송화

첫 시간이고요 내일 아침 일찍 올게요
퇴근 후 요가교실 등록했거든요
분홍 가방 지퍼 닫고, 분홍 매트 안고
분홍구두가 또각또각 서쪽으로 멀어진다
해 뜨기 직전 출근할게요, 약속하지만,
단정한 그 약속 지킨 채송화는 없다
한 번 가면 다시 못 돌아온다는 것
퇴근하는 채송화 저도 모를 뿐이지만,
함께 젖은 소나기의 기억 없는 채송화들
내일 아침이면 빽빽하게 출근하겠지만
습관처럼 지킬 수 없는 약속 남발하며
대를 이어 화분으로 출근하는 분홍들
저 자신도 차이를 구별할 수 없는
오늘 분홍 얼굴로 어제 분홍 얼굴 덮으며
환하게 제 몫의 하루치 시간 살다 간다

4부

아닌 게 아니라 달래주는 역할을 맡아요

반송

당신은 수취인 부재, 당신은 폐문 부재, 당신은 수취인 불명, 당신은 수취 거절. 당신은 주소 불명, 당신은 이사감, 이번 생은 핑계가 많아, 내가 보낸 봉투는 스탬프에 찍힌 여섯 항목 가운데 하나에 동그라미를 치고, 문 앞에서 돌아선다 내가 보낸 셀 수 없이 많은 마음들, 당신에게 도착하지 않고 나에게 돌아오지 않은 마음은 어느 길 위에서 떠돌고 있을까

아닌 게 아니라 사과가 궁금해요
　　-애플 아이폰

어느 날 사과가 단도직입 물었어요
나를 어떻게 할 거야

저 높은 곳에서 꽃 피는 사과, 낮은 곳으로
뛰어내리는 풋사과,
해처럼 익어가는 사과, 아닌 게 아니라
사과가 궁금해요
별과 달이 아니라, 다이아몬드가 아니라
사과가 궁금해요

하루가 다르게 배가 불러와요
내일 또 내일 미루는 아담을 탓하지 않아요
그에게는 그의 계획이 있겠지요

다만 오늘 할 일을 내일로 미루고 싶지 않아

사과나무 아래 돌을 쌓고
돌 위에 올라서요
사과나무 가지를 이어 사다리를 만들어요
나에게는 나의 계획이 있어
이 환한 것은 둥글고 단단해요
사과나무 아래 나타난 긴 소문은 잊어요

매끄럽고 차가운 껍질이 입술을 핥아요
한 입 크게, 사과를 베어 물어요
사각의 흰 비명을 지르며 사과가 허물어져요
사각의 꽃밭이 펼쳐지는 입,
혀 위에 사각의 흰 황홀이 내려앉아요 손을 적시고
목젖을 적시며 흘러드는 사과즙
이 사각을 혼자 맛볼 수 없어요

절반의 사과를 아담에게 나누어 주어요
말을 넘어서는 사각을 더 일찍 맛볼 수 있다면,
망설이지 않겠어요
더 일찍 기꺼이 추방을 선택하겠어요
다만 최초로 사과를 맛본 사람이 되기로 해요

사각의 허기가 혀를 구해요 터질 듯 배가 불러와요
커다란 사과를 상상임신한 것이 분명해요

거리로 나온 미인도

가능한 한 적게 가린 브래지어가 노출하는
복숭아 가슴이 아니다
가능한 한 많이 드러낸 티팬티가 노출하는
사과 엉덩이가 아니다

이두박근 두드러지는 근육질 팔
길게 뻗은 근육질 허벅지
여섯 조각 근육의 경계가 선명한, 납작한 배
터질 듯 탱탱한 몸이 거리를 향해 외친다
문제는 근육이야

지방은 퇴치해야 할 공공의 적이 되었으니
벗을수록 전투력이 강해지는 여전사
군살처럼 달라붙는
수줍은 지방질 영혼 따위 내려놓아야지

단단한 몸이 미인들을 설득 중이다

검은 가체 머리 한 뼘 저고리 조선 비너스
트로이 전쟁이 끝난 후의 헬레네
에게해의 물거품이 말라버린 아프로디테
생식기관이 과장된 빌렌도르프의 비너스

인공조명 박물관 모델로 만족하지 말고
햇빛 가득한 거리를 활보하라고
스타킹 차림 현대 미인으로 업데이트하고
불빛 화려한 거리를 가슴 활짝 펴고 누비라고

아도니스와 헤라클레스를 합성한 미남도를
병풍처럼 거느리고
피트니스 클럽 실물 크기 입간판
비키니 미인도가 시대정신을 영업한다

해변의 검은 혀

유리의 혀가 달의 세계를 핥아요 달의 지붕을 핥아요 달의 계단, 달의 관공서, 달의 시장, 달의 호텔, 달의 주민, 달의 손님, 달의 여행자, 달의 고양이를 골고루 핥아요 번쩍이는 수직의 입에서 태어난 혀, 영원히 길어지고 짧아지기를 반복하는 혀, 누구도 거부할 수 없는 거대한 혀, 낮은 고백과 낮은 희망과 낮은 노래들이 어쩔 수 없이 익숙해져야 하는 차갑고 거대한 검은 애무, 기어이 달의 세계를 모두 달의 이면으로 바꾸고야 말겠다는 듯 맹렬한 검은 프렌치 키스, 진저리 치는 달의 지붕들 눅눅한 한숨이 깊어요 골목 깊숙이 점령당한 차가운 달의 메마른 오후, 유리의 식민지가 된 달 달 무슨 달 해변의 달, 혀가 깊이 핥고 지나가는 동안 해와 달은 같은 해변에서 다른 세계의 시민을 생산해요. 유리의 입이 단물 빠진 식은 햇빛을 토사물처럼 게워놓아요 달의 등이 서늘해져요

폐허

청동의 관을 실은 곤돌라가 수평을 유지하며 천천히
탑 아래로 무덤의 주인을 내려보낼 때
왕이 남긴 물목들은 서둘러 밖으로 추방되었을까
도굴을 기다리는 왕릉처럼
낯선 세간살이 무덤이 아파트 옥외 주차장 장맛비에 젖고
있다

장례식이 끝나자마자 상속자가 급매로 내놓은 유산
서둘러 팔려나간 성에서 꾸역꾸역 밀려 나온 시간의 급매
더미,
사람 몇 껴묻어 순장한 왕의 봉분인 듯
나눔이나 기부 혹은 폐기, 최소한의 분류조차 거부한 채
승용차 열두 대가 차지할 공간을 차지하고
둥글고 높게 쌓인 소문들,

삶과 죽음의 경계를 구분 짓기라도 하듯
봉분 둘레를 검은 호석처럼 에워싼 열두 짝 자개장,
애지중지 쓸고 닦던 빛의 시간이 왜 끝나야 하는지 알 수 없어
당혹스럽다는 듯, 닫히지도 열리지도 못한 자세로
반쯤 열린 십장생 문짝들,
몸을 멀리 보낸 왕의 영혼이 잠시 돌아보는 것일까
빗방울 튀어 오르는 등나무 식탁 유리 혼유석,

벌린 입의 허기를 채우기를 언제 그만두었을까
수십 벌의 수저들과 스테인리스 밥그릇들,
다리를 절며 지상의 고단한 잠들 모두 떠나갔을까
한쪽 다리가 부러진 킹사이즈 침대,
누워 있던 왕관의 무게에 스프링이 무너졌을까
사람 형상으로 움푹 파인 매트리스,

오래된 대가족의 단란을 부려놓을 지상의 벽은 더이상 없는 것일까
젖어 일그러진 면적이 늘어나는 팔인용 가족사진,
뒤엉킨 전선을 꼬리처럼 길게 매달고
세계의 풍경과 사람을 불러들이기를 멈춘 텔레비전,
레코드판이 얹힌 채 잠시멈춤, 끝나지 않은 음악이 대기하는 턴테이블,
물 먹은 이불들, 두꺼운 코트들, 누런 속옷들,
뒤틀리고 부풀어 오른 책들,
무엇이 들어있는지 짐작할 수 없는 얼룩진 종이상자들 검은 비닐봉지들,

주차장을 점유한 어떤 시간은 속수무책, 남은 사람의 치욕이 되는가
애면글면하다가 쓰레기로 남은

누추한 순간을 적나라하게 들켜야 하는가
뒤죽박죽 엉킨 채 쌓여있는 물목들
한때는 세간이고 기쁨이었을 시간의 목록, 끝이 없다

석류의 세계

석류를 좋아하는 사람은 사랑을 배달받은 사람
어둠 속 깊이 잠든 페르세포네는
빛으로 가득한 엄마의 세계를 초토화해요

석류는 수류탄 같아 한 알이면 충분해요
한 입이면 온전한 딸이 사라지고 반쪽 딸이 남아요
엄마의 빛의 정원에서 자란 꽃과 과일만으로는
딸의 우주가 미완성이어서일까요

새콤달콤한 한 입의 쓸쓸한 세계, 죽음 맛 절반
석류꽃 이불 펼쳐 잠의 세계로 넘어가요

석류의 세계가 엄마의 잠을 어지럽히는 걸 알면서
엄마에게 겨울을 선물하는 딸, 하데스의
창백한 손 잡고 야반도주하는 딸이 되기로 해요

귀곡잔도

그가 먼저 울음을 터뜨려요
한발 늦었어요
타이밍을 놓쳤어요
울음의 순발력이 기회를 놓쳤어요
기회를 놓치면 제 몫이 아니게 돼요

그를 달래야 해요
누군가는 달래는 배역을 맡아야 해요
간발의 차이로 역할이 정해져요
달래는 사람이
더 울고 싶은 사람일 수도 있지만
그건 더 이상 중요하지 않아요

울컥울컥 울대가 아파요
너무 무서워서

울음의 괄약근이 터질 것 같아요
선착순을 놓친 울음
내 것이어야 했으나
내 것이 아닌 울음의 괄약근을 조여요

아찔하게 구성된 고소공포증을 밀며
오래전부터 울고 있었을, 낯선
귀신과 통곡과 절벽을 달래요
높고 무섭고 아득한
배역을 성실하게 수행해요

슬픔, 그 잡채

반쯤 졸고 반쯤 깨어 들었을까 어느 영어 시간
점심시간 앞두고
몰려온 허기와 합체,
실체 없는 자체가 잡채로 변신했을까

다양한 채소들 색색으로 어우러진 한 접시
잡채가 오늘의 메뉴라면 좋겠어

슬픔 그 자체*가 슬픔 그 잡채로 바뀌면서
발색하는 다양한 색의
조합, 그 자체를 넘어서는 조합, 그 잡채를
젓가락으로 집어 올릴 텐데
슬픔은 슬픔만으로 이루어지지 않아

슬픈가 하면 기쁘고, 기쁜가 하면 아프고,

아픈가 하면 고프고, 고픈가 하면 화나고, 화나는가 하면
무슨 감정인지 몰라, 뒤죽박죽이니까

시금치같이 잎이 넓고 푸릇한 슬픔,
주황색 당근 같은 단단한 슬픔은 얼마나 캄캄할까
혀 위에서 미끄럽게 감도는 당면 같은 슬픔,
마늘같이 매운 슬픔은 얼마나 알싸할까

색과 맛과 소리와 냄새로 지어진
한 접시의 슬픔 그 잡채
오타와 오류 사이에서 씨름하는 감정 그 자체
실패하고 마는 감정 그 잡채

셀 수 없는 감정들로 구성된 저녁이
길이가 다른 젓가락으로

간이 맞지 않는 슬픔의 가닥을 헤집고 있다

* sadness itself

모래도시 1

모래를 금으로 만드는 연금술사가 모래도시를 찾아온다

모래도시를 바깥세상으로부터 차단하는, 암막처럼 두꺼운 모래안개 속으로 여러 갈래 길이 나타나지만
한 사람 앞에 한 번 열린 길은 다시 열리지 않아
깔때기처럼 생긴 모래도시 안으로 들어온 연금술사는 밖으로 나가지 못한다

모래로 금을 만든다는 소문은 여전히 유효하지만
모래도시의 금은 한 톨도 늘어나지 않고

나가기를 포기한 연금술사는
모래로 여자를 빚고 모래로 빚은 사랑을 모래여자의 가슴에 넣어준다

모래심장이 생긴 모래여자는 모래아이를 낳는다
모래로 빚은 여자의 가슴에서 흘러나오는 모래젖을 먹고
모래의 아이가 무럭무럭 모래탑으로 자라는 동안
모래는 공장이 되고 밥이 되고 술이 되고 안개가 된다
모래로 빚은 술을 마시고 모래도시는 달게 무르익는다

그 후에도 오랫동안 모래는 모래를 만나 사랑하고 흘레붙고 이별한다
어느 날 사람들이 모래안개 속으로 실종되기 전까지는

아무리 모래로 빚은 사람이라도
사람은 모래만으로 살 수 없다는 것을 잊은 척 한다

모래도시 2

실종된 사람들이 손잡고 버드나무 정원으로 사라진다는
증언이 유력하지만,
가장 많은 증거는 모래에서 수집된다

남은 사람들이 모래를 발굴하기 시작한다
모래벚꽃 만발한 모래공원이 드러날 때 독한 모래안개가
함께 발굴된다
축제에서 돌아오지 않은 사람들이
모래벌판을 헤맨다는 소문의 지층이 추가로 확인된다

모래의 이정표는 바람에 날아가고
모래 속에서 길 잃는 사람들이 갈수록 늘어난다
사랑 속에서 길을 잃고 돌아오지 않거나
애도가 불가능한 슬픔 속에서 길을 잃은 사람은
모두 모래도시의 시민이다

모래의 추억이 상습적으로 범람하는 배후습지는
모래강물을 거느리고 있어
모래물결이 지나간 흔적이 모든 지층을 관통한다

일상의 사상이 모래처럼 발굴되는 동안
신발 공장과 단단한 모래한숨 화석 사이로
기계 부품과 철판과 도금 공장 폐수와 도축장 핏물이 스며든다

모래의 노래, 모래의 숨결이 모래도시를 휩쓰는 지층이
모습을 드러내기 시작한다
모래의 내장이 꿈틀거리며 울고
강의 울음소리가 선명하게 찍힌 모래숲 지층이 드러나자면
백 만년은 더 지나야 할 것이다

언제쯤이면 버드나무 정원*을 흰 발로 걸어가는
모래의 사람들을 만날 수 있을까

 * 예이츠, "샐리 가든"

# 5부
깔롱, 이쪽을 옮겨가면

구글 지도
-Google Map, or Begging Map

낯선 거리에서 다정한 질문이 쏟아진다
여기 어떻게 왔어요?
첨단의 방법이 거리를 건너간다
구글해서 왔어요

말이 떨어지기 무섭게 소나기처럼 쏟아지는 폭소,
물음표를 달고 되돌아오는 질문이
어리둥절한 얼굴을 한 박자 뒤로 옮긴다
구걸해서 왔다구요?

꽃의 북쪽 거리에서 길을 구걸했을까
꽃 아래 무릎 꿇고 손바닥을 비볐을까
꽃 덤불 숲에서 나무의 동정을 구했을까
외발로 꼿꼿이 선 늪에서
물의 배려를 청했을까

꽃의 아량으로 익사 직전의 심장을 구했을까

더 낮을 수 없는 자리에서
공간과 시간과 인간의 사이를 구걸했을까

구걸해서 얻어낸 울음 한 조각이 빵이 되었을까
삶이 썰썰해서* 그때마다 쩔쩔맸을까
외롭고 춥고 낮은 자리에서 더욱 간절한 지도,
구걸지도를 좇아 여기까지 왔을까

나보다 나를 더 잘 아는 모음이 그리는 지도가
갈수록 낯선 거리에서
지금 여기, 구걸의 좌표를 가리키고 있다

방긋 웃어야 할 때 방것 웃은
나의 모음은 어와 으를 구별하지 않는다

* 쓸쓸해서

잠실

누에는 잠이 많아, 초 잠 두 잠 석 잠 넉 잠, 잠으로 한 달 시간을 잰다 밤낮없이 뽕밭을 먹어대는 누에는 잠박 침대에 덮어준 초록 뽕잎 이불을 날마다 몇 채씩 갉아먹고, 닷 마지기 엄마의 잠을 잎맥까지 갉아먹고, 나의 보드라운 유년을 갉아먹고 잘도 잔다

나도 잠이 많아, 잠의 방, 잠실에서 소나기처럼 쏟아지는 소리, 누에가 뽕잎 갉아 먹는 소리, 누에가 부르는 자장가를 들으며 키가 자란다 팔을 곰실곰실 기어가는 누에 발바닥, 아직 오지 않은 첫사랑처럼 따끔따끔 간질거리는 밤, 꿈속 밤하늘 별들 비단실로 이어 고개를 바짝 치켜든 누에 별자리를 그린다

농약 한 방울에 종족이 몰락하는 정갈하고 까탈스러운 상전, 누에를 모시는 누에 집사 엄마는, 뽕밭 모시고 놉들

모시고 농잠학교 실습생 모시느라 눈 붙일 틈 없는 엄마는, 잠협 공판장에서 매겨지는 고치 등급에 가슴이 조마조마한 엄마는, 비단길 너머 서천서역 흙으로 뽑은 실로 지은 방에서 긴 잠에 들고,

자주 끊어지는 거친 삼베실 근근이 이어가는 누에나방, 나는 유년의 잠실을 떠난 지 오래인데, 엄마의 흰 비단 노동은 어디로 갔을까 빚이 되거나 모자란 등록금이 되던 고치의 시간은 모두 어디로 갔을까 새참에 사카린 탄 막걸리가 부르던 고단한 노래는 어디로 갔을까

돼지들

비밀이 든 자루를 메고 돼지가 친구들을 찾아간다
숲의 저녁은 고요하고 사건 사고는 은밀하다
돼지를 죽였어 몰래 돼지를 파묻어야 해 도와줘
후각이 영리한 돼지들은 안다 끔찍한 거짓말
이 냄새는 돼지 피가 아니라 사슴 피 냄새
틀리면 가짜 친구, 이 문제는 친구를 의심하는 시험
생의 국면마다 꾸준히 시험에 들 운명의 돼지들
객관식이든 주관식이든, 시험이라면 익숙한 돼지들
돼지를 도와 돼지를 죽인 돼지를 눈감아주고
돼지의 진짜친구가 된다 출제자의 의도를 잘
파악했으므로, 돼지들, 사슴고기를 나누어 받는다
은닉과 공범을 부추기는 오답을 통과한 시험이
기른 돼지들, 달을 향해 꿀꿀거리며 고기를 뜯는
이빨과 뇌에 사슴고기 맛이 음각된 돼지들, 혀에서
혀로 기름진 밤이 끼리끼리 무리 지어 흘러간다

깔롱살롱

까리하게* 해 줘, 자글자글한 입이 깔깔거린다
깔롱쟁이 소녀가 숱 없는 하얀 머리칼을 들이대자
거울 속 깔롱**이 콜리플라워로 피어난다

난 전생에서부터 따라왔어, 서로 오랜 단골이라고
뽀골뽀골 흰 꽃들이 우긴다

얼굴의 절반은 머릿발, 회전의자 셋, 거울 셋, 세면대 하나로 구성된
깔롱지론을 펼치는 미용사가
깔롱의 마법사라는 소문은 바람의 세계에서도 유명한지
백구두를 신은 단골, 신사바람의 뒤를 따라
팔뚝의 용 문신이 쭈그러진 건달바람이 불쑥 까치집을 맡긴다

웃자란 가지를 자르는 정원사처럼
남쪽 해와 북쪽 그늘의 균형을 맞춘 가위를 내려놓은
미용사의 손이 바람의 머리밑을 헤집는다

가볍게 헝클어 주기만 해도 엄지를 치켜올리는 서풍과 달리
최후의 모히칸처럼 벼슬을 붉게 세운 맨드라미는
여름 한철 다녀가는 까다로운 단골손님,
스프레이를 한껏 뿌려주어도 칭찬 없지만 해마다 찾아온다

도나 노비스 파쳄***, 바람의 웨이브를 굵게 감은 미사곡
흐린 악보가 골목을 탄력있게 휘감는다
깔롱을 등에 진 저녁이 전쟁의 긴 속보를 따라 부른다

*   부산지역어, 예쁘게 매력있게
**   부산지역어, 멋, 동사형은 깔롱지기다.
*** Dona Nobis Pacem 우리에게 평화를 주소서

외인부대

터질 준비가 되어 있는 위험의 뇌관을 해체하듯
전차를 해체하고 전투를 해체하고
전쟁을 해체하고 발포 명령을 해체하고

포탄이 파놓은 폐허의 구멍과 구덩이마다
나무를 심고 잔디를 기르고

잔디를 팔아 돈을 벌면 고국으로 돌아가
정원사 애인과 결혼을 하고
담장이 없는 정원에 장미와 잔디를 가꾸고
아이를 낳아 기르고
잔디밭에서 아이와 공놀이를 하고...

엄폐물도 없이 펼쳐지는
낙관적 희망 사항을 향해 날아온 폭탄은

어느 고장 난 심장에서 발사된 것일까

굉음과 함께 애인이 날아가고
먼지구름 사이로 결혼이 날아가고
집이 날아가고 잔디밭이 날아가고
꿈들이 날아가고
아직 태어나지 않은 아이의 잠이 날아가고
뿌리내린 적 없는 장미가 뽑혀 나가고

말줄임표로 채워진 미완성 혼잣말 위로
지뢰 폭발물 제거 병사의
파편과 잔해가 쏟아져 내린다

두부

검은 솥이 흰 두부를 끓이고 있다 불타고 무너진 벽이 흰 두부를 끓이고 있다, 백 년 전에 활을 떠나온 화살이 집중포화, 흰 두부를 향해 쏟아진다, 군화들로 들끓는 두부, 일찌감치 불타버린 두부, 꽁무니에 불붙은 두부들의 행렬이 길어진다 영원할 것이라 오해한 걸까 당연하게 누린 걸까 무심히 젓가락으로 헤집은 평화, 으깨지는 헐한 일상, 일용할 평화, 무심히 홀대한 일상이 엎어진다 꼬투리 잡힌 애꿎은 평화에게 복수하듯 엎어진다 희고 슴슴한 미래가 뒤집어진다 일상과 평화가 드잡이하듯 뒤죽박죽 뒤집어진다 잘라 먹고 지져 먹고 구워 먹은 일상 위로 탱크가 지나간다 국경을 향하는 두부들 으깨진다 언제 다시 돌아갈 수 있을까 흰 두부가 검은 솥을 끓이고 있다 흰 솥이 검은 두부를 끓이고 있다

어중간

시간도 공간도 아닌 이 세계
미간도 행간도 아닌 이 세계
잠기고 불타고 녹아내리는
혼 놓고 백 놓고 허깨비로 헤매는

엎어지고 자빠지는
허방과 늪과 흙탕과 끝탕, 무르고 정처 없는
머리도 꼬리도 없는
절벽도 골짜기도 없이
천 길 뚝 끊어지는 가파르고 뭉클한
마음이 수시로 떨어져 내리는
엉겁결에 비명의 가느다란 머리카락이 쭈뼛 서는

취한 것도 맨정신도 아닌
마신 것도 안 마신 것도 아닌

마셔도 마셔도 목마른

망치거나 낙하하거나 추락하거나 몰락하거나
슬프고 고프고 아프고
하소연과 엄살과 허세의 바닥에서
목젖에 이끼 끼도록 침묵하는 수도자로
침 튀기며 떠벌거리는 속물로
민달팽이처럼 꿈틀거리는 이 세계
원숭이처럼 비틀거리는 이 세계

불도 물도 아니면서 불과 물인
학생도 선생도, 선수도 코치도 아닌
곤도 붕도 아닌, 속도 성도 아닌
세간도 출세간도 아닌 이 세계

취한 술병의 빨간 엉덩이를 보여주는 이 세계
나비도 아비도 모르는 반풍수의 이 세계

가파르고 뭉클한 이 세계
희미한 희망의 손을 간절하게 내미는
점선의 측은만 남은 이 아름다운 세계

마지막 카페

열 시 마감입니다 열 시 십오 분 전
마감 바리스타가 알려준다

남아 있는 십오 분 동안
노트북이 가방 안으로 들어가고
커피 메이커 메인 스위치가 꺼지고
키오스크 전원이 꺼지고
의자와 테이블이 정리정돈되고
열 시 정각, 자동문이 닫히고

다음 날 아침 여덟 시
개점 바리스타가 문을 연다

누군가 미리 알려주게 될지
나의 문이 닫히는 시간

더 이상 누구도 나를 이용할 수 없는 시간
쓰고 시고 떫은 맛에
울고 웃던 내 안의 사람들 모두 떠나는 시간
다시는 그 문이 열리지 않는 시간
다음 날 아침 여덟 시가 없는 시간

누군가 울게 되는 시간
누군가 울지도 못하는 시간

숨의 은둔자들

말단직원 출근부에 들숨과 직원 열 명, 날숨과 직원 여덟 명을 기록한다 모두 처음 보는 이름들, 특이 사항, 근육질이다 수줍음이 많다 폐, 기관지, 기도 등의 외향성 직원을 전면에 내세운다 공기를 밀어 넣고 빼내는 내성적 작업에 종사한다

들이쉬기와 내쉬기 두 종류 제품을 주로 생산한다 두 제품이 합해져 생명과 치명, 목숨을 결정한다 느림과 빠름의 작용이 박자와 쉼표를 지지하고 노동요를 흘려보낸다 이따금 끊어질 듯 헐떡거린다 이따금 길게 들이쉬고 내쉬는 한숨을 생산한다 이 특별상품은 죽을 것 같은 슬픔을 견디게 하는 효과가 있다

휴가 없는 백 년 종신고용 직원들, 제 가슴에 품고도 그 존재를 모를 직원들, 스스로 파업하지 않는 직원들, 불행

히 파킨슨 혹은 루게릭 같은 산업스파이의 침입에 의해 생산 설비가 강제 정지되거나 공장이 폐쇄되기도 하는 직원들, 공장장, 사장, 유일한 대주주와 운명공동체

횡격막, 갈비사이근, 사각근, 작은가슴근, 앞톱니근, 목빗근, 갈비울림근, 상부승모근, 광배근, 쇄골하근. 들숨과 직원 명단이다 속갈비사이근, 내복사근, 외복사근, 항문울림근, 세모가슴근, 황근근막, 배세모근, 복직근, 날숨과 직원 명단이다

목숨을 구성하는 붉은 숨결의 근원, 평생 얼굴 드러내지 않는 속 깊은 은둔자들의 묵묵한 이름들, 이렇게라도 호명하지 않으면 모르고 살아갈 이름들, 아름다운 근육질 이름들을 비망록에 기록한다 일생을 빚진 채무자의 알량한 양심이다

저쪽

새끼들을 거느린 오리가 이쪽을 옮긴다 어미 한 마리에 예닐곱 마리 오리 병아리가 줄을 서서 옮기는 이쪽, 차들이 멈춰 서서 오리떼가 길 건너로 무사히 이쪽을 옮겨가기를 기다린다 저쪽에 확실히 무언가 있다 그렇지 않다면 이렇게 위험을 무릅쓸 이유가 없다 이쪽을 옮겨가면 더 고즈넉한 것, 이쪽을 옮겨가면 더 아득한 것, 이쪽을 옮겨가면 더 환한 것, 이쪽이 조심조심 오리떼를 타고 저쪽으로 건너간다 오리떼는 잊을 만하면 한 번씩 차들을 세우고, 이쪽과 저쪽을 연결하는 위대한 사업에 사람과 차들을 동참시킨다 길 건너 저쪽이 나란히 줄 선 오리떼가 옮겨오는 이쪽을 기다린다

■ 작품 해설
해석으로서의 '상자'와 탈주하는 '분홍'

해석으로서의 '상자'와 탈주하는 '분홍'

신상조(문학평론가)

글쓰기란 넘을 수 없는 벽에 문을 그린 후, 그 문을 여는 것이라고 한 이는 프랑스 시인 크리스티앙 보뱅이다. 그러니 문을 그리기 위해서라도 시의 배경은 벽이 될 수밖에 없다. 시인의 글쓰기는 벽의 배경이 되어서 그 벽에 부정적인 가상의 문을 그린 후 열기 위해 안간힘을 쓴다. 이상은 안에서도 밖에서도 잠긴 문을 열다 포기한 채 "너는누구기에구태여닫힌문앞에誕生하였느냐"(「定式 Ⅳ」)라고 했다. '구태여'라는 부사가 안타까움에 무게를 더한다. "나는그냥문고리에쇠사슬늘어지듯매어달렸다.문을열려고안열리는문을열려고"(「家庭」)라고도 한 걸 보면 삶이 허락도 없이 자신을 희롱하는 꼴이 어지간히도 극단적이었던 모양이다. 비록 이상이 말한 '생활' 탓이 아니더라도 넘기가 불가능한 벽이나 닫힌 문은 우리 앞에 늘 존재한다. 생의 어두운 숲에서 길을 잃고 헤매기도 하고, 확실함이 불확

실함으로 변하고, 의미 가득하다고 여겼던 세상이 무의미해지기도 한다. '실존의 어두운 밤'이라 일컫는 벽과 문은 어디에나 견고히 버티고 있다.

그러나 최정란 시인은 어떤 결론을 가정하여, 한계야말로 유한한 존재의 삶이라 규정하는 것이 실존의 알리바이로 충분하지 못하다고 믿는 눈치다. 이를 언어화하자면 세계-내-존재로서의 존재 일반은 끊임없는 선택과 운동의 과정 중에 있으며, 세계는 포장지를 뜯기 전의 선물처럼 유혹적이거나 미지의 가능성, 혹은 목숨을 건 "수수께끼"와도 같은 위험성으로 충만하다. 최정란의 시에서 이러한 삶은 자주 '상자'로 표현된다. 시인은 상자를 소재로 세상의 모든 존재적 삶을 해체하거나, 새롭게 재구성하기로 작정한 듯싶다.

청테이프가 상자를 둘둘 말고 있다 미라처럼
상자는 단단히 묶여 있다
함부로 풀리지 않겠다는 듯 단호하게

풀리지 않는 수수께끼

풀리고 나면 절벽 아래로 뛰어내리는
상자는 어떤 영웅도 퇴치하지 못하는 스핑크스

상자만큼 궁금한 것이 없다
상자만큼 안달하는 것이 없다
상자만큼 부끄러운 것이 없다

상자가 도착한다 이마에 이름과
주소가 적힌 라벨을 붙이고
역병과 괴물의 바다를 관통해서 상자가 도착한다

상자만큼 기다리는 것이 없다
상자만큼 애타는 것이 없다
상자만큼 설레는 것이 없다

상자는 파손주의 스티커를 훈장처럼 달고 온다
깨지기 쉽다는 듯
깨지기 쉬워 아름답다는 듯
깨지기 쉬워 성스럽다는 듯
벨이 울리고 상자가 남고 사람이 사라지고

상자만큼 찬란한 것이 없다
상자는 상자 그 자체로 기쁨의 기관, 나도
너에게 가서 상자가 되고 싶은 걸까, 나도
한때 너의 상자였을까

(중략)

상자만큼 아프게 하는 것이 없다
상자만큼 슬프게 하는 것이 없다
상자만큼 울게 하는 것이 없다

상자를 포장하는 것만큼 통곡하는 놀이가 없다

_「상자놀이」 부분

신화에는 '상자'가 자주 등장한다. 고대 그리스 신화에 등장하는 판도라나 프시케의 상자는 인간의 호기심이 불러온 불행이라는 공통된 주제를 가지고 있다. 고대 이집트 신화 속, 배신과 죽음을 상징하는 '오시리스의 상자'도 있다. 오시리스는 지혜롭고 자비로운 왕이다. 형을 질투하던 동생 세트는 오시리스의 생일잔치에 아름다운 상자를 가져와 몸에 잘 맞는 사람에게 주겠다고 말한다. 오시리스가 들어가자 상자는 그의 몸에 꼭 맞았고, 세트는 재빨리 뚜껑을 닫고 못을 박아 상자를 봉인한 후 나일강에 던져버린다.

금기를 위반하고자 하는 욕망만큼이나 치명적인 위험으로 다가오는 신화 속 상자들과 달리, 오늘날의 현대인들에게 상자는 설렘과 즐거움으로 가득한 사물이다. 지금도 상품이 든 택배 상자가 문 앞에 속속 도착하고, 예쁘게 포장된 선물 상자가 축하받는 이의 환호를 기다린다. 그리고 「상자놀이」 속 '상자'는 이 모두를 초월한다. 그것은 의심하는 회의주의자 앞에 수수께끼로 놓인 덫이자, 들켰다는 치욕으로 말미암아 절벽에 몸을 던지는 오만한 스핑크스처럼 도저한 의미론적 실존이다. 아름답고 성스럽고 찬란한 그것은 우리를 안달하게 만드는 욕망이며 '너'와 '나' 관계이자 의미다. 그것은 기쁨과 설렘과 위안이고 내일 또 내일을 기약하게 만드는 희망이며, '나'를 낳고 '나'를 재단하고 '나'를 오그라들게 만들고 '나'의 과거이자 현재이고 '나'가 고대하거나 고대하지 않는 미래다.

그러니까 상자는 억세고 질긴 생명의 현상 그 자체의 범람이다.

「상자놀이」에서 상자는 우리 삶의 다양한 측면을 반영하는 거울로 기능한다. 삶의 갈피마다 흩어져 있는 조각들을 수집한다면 아마 「상자놀이」 속 상자들처럼 모순되고 어긋나며 대립하고 충돌하는 아이러니 그 자체이리라. 하지만 상자에 관한 인식을 집요하게 반복하던 시인은 귀납론에 따라 상자를 '아프고 슬프고 울게 하는' 존재로 정의한다. 이 때문에 "상자를 포장하는 것만큼 통곡하는 놀이가 없다"란 시의 마지막 연이자 행은 주검을 수습하는 길고 네모난 상자, 즉 '관'을 떠올리게 만든다. 시인은 '통곡'과 '놀이'를 나란히 놓는 역설을 취하는데, 이는 부재와 상실, 고통과 상처로 말미암은 통곡이 생의 통과 의례임을 수긍하려는 태도에서 비롯한다. 이 시는 각양각색인 상자의 물목을 통해 생의 과정을 감각적으로 그려낸다. 상자는 삶의 희로애락을 담는 그릇이자 존재론적 공간이라고 할 수 있다.

한편, 상자는 "희망 대신 건네주"고 건네받지만, 거기에는 아무것도 담기지 않았거나 "일생을 탕진"하게 만드는

"빈 상자"에 불과하다.

  월계수잎 목걸이가 담겨있는 작은 상자에게
  스무 살 생일의 흰 목을 내주었다

  반짝이는 작은 상자가 예뻐서, 다만 예뻐서
  기꺼이 발목을 내주고 싶은 것일까

  구름 손가락과 새벽 손목, 버섯 귓볼에
  빈 상자를 희망 대신 건네주었을까

  지금 담지 않으면 녹아사라질 육각형 결정에
  가장 어울리는 상자를 찾아 헤맸을까

  첫눈을 담을 상자의 크기를 고민하느라
  일생을 탕진한 똑똑한 바보를 한 명 안다

                        _「티파니에서 상자를」 전문

영화 〈티파니에서 아침을〉의 배경이 되는 '티파니'는

뉴욕 5번가에 위치한 보석 가게다. 주인공인 홀리는 아침 일찍 티파니 매장 앞에 서서 빵과 커피로 아침을 때운다. 이 장면은 영화의 상징적 오프닝이자, 가난한 홀리가 자신이 꿈꾸는 우아하고 화려한 삶을 티파니 매장에 투영하고 있음을 보여주는 부분이다. 반짝이는 보석들이 가득한 그곳은 그녀가 불안정한 현실에서 벗어날 수 있는 유일한 안식처이자, 동경해마지않는 상류 사회의 상징이다.

「티파니에서 상자를」을 영화 〈티파니에서 아침을〉에 대응시켜본다면 스무 살 생일의 "흰 목"과 "발목", "구름 손가락과 새벽 손목, 버섯 귓불"을 대상에 내준 화자는 황홀한 표정으로 티파니 매장 앞에 서 있던 홀리에 해당한다. 화자가 내준 신체 부위 중에서도 '발목'이 경쾌하게 춤추는 동작을 연상시킨다면, 흰 목이나 새벽 손목, 버섯 귓불 등은 여리면서도 맑고 깨끗한 이미지 혹은 사랑스럽고 포근한 느낌을 준다.

특이하게도 화자는 "월계수잎 목걸이"가 아니라 그것이 "담겨있는 작은 상자"에 매혹되는데, 그가 삶의 양식에 따르는 월계수 목걸이 대신 미스터리와도 같은 상자, 즉 두려움이자 희망, 새로운 삶에 대한 기대로 뛰는 심장을 선택함이다.

'월계수'가 그리스 신화 속 아폴론과 다프네의 비극적인 사랑 이야기에서 시작하고, 이후 아폴론의 상징이자 승리와 영광의 의미를 지니게 된 게 월계수라는 점에서 이 시 역시 신화적 상상력을 바탕으로 한다. 다프네가 아폴론의 사랑을 거절하듯, 시의 화자가 월계수잎 목걸이가 아닌 상자에 매료됨은 의미심장하다. 이는 여성이 자신의 존재성을 잃고 남성에게 대상화되는 것을 거부한다는 의미를 띤다. 무엇보다 스무 살인 화자는 인생의 시작점에 서 있다. 젊은 그는 이미 정해진 결과물보다는 아직 도착하지 않은 미래에 가슴이 먼저 반응한 것이다.

상자는 화자에게 선택하는 자로서의 '주체성'을 부여한다. 목걸이가 상대에게 "흰 목을 내주는" 에로틱한 행위와 연결된다면-머리에 월계수 화관을 쓰는 데 비해 훨씬 여성스럽고 수동적인 게 사실이다-, 상자는 화자 자신이 직접 열어야 하는 능동성을 강조한다. 화자는 무한한 가능성이자 예측 불가능한 미래를 상징하는 상자를 선택함으로써 자신의 운명을 스스로 마주하고 개척하려는 욕망에 충실하다. 또한 외부에 가시적으로 드러나는 목걸이에

반해 '미스터리'를 품고 있는 상자는 화자의 비밀스러운 내면세계와 관련한 사물이다.

 인생의 전반부가 저러하다면 시의 후반부는 화자의 중년기 이후를 상징한다. 그는 "일생을" 요약하는 4연과 5연에서 "녹아 사라질 육각형 결정"인 "첫눈"에 어울리는 상자를 찾아 헤맨 자신을 역설적으로 "똑똑한 바보"라 부른다. 화자는 '첫눈'이 금방 녹아 없어질 찰나의 아름다움에 불과함을 알기에 똑똑하다. 그리고 첫눈이 허무하게 사라질 줄 알면서도 그것에 맞는 상자 찾기를 포기하지 못했으므로 바보이기도 하다.

 〈티파니에서 아침을〉이라는 영화가 암시하듯, 화자는 맹목적이고 순수한 감정을 가진 주체로 '홀린 영혼'이기를 소원했다. 그러나 이 시는 무언가에 강렬하게 매혹되어 살았을지라도 결국은 공허와 상실로 끝나는 삶의 덧없음을 노래한다. "뿔을 자르고 꼬리를 자르고 지느러미를 자르고/이빨을 뽑고 손톱을 뽑고 **뼈를**" 발라 자연 본래의 성품을 거세한 후 "겹겹이 부풀린 온순한 과대포장"의 인위적 모습으로 살아가는 현대인들을 비판하는 「포장의 기술」은 또 어떠한가. 「상자놀이」와 「티파니에서 상자를」과 「포장의 기술」을 읽고 나면 마치 마트료시카 인형처럼 상자 속에 든 상자를 꺼내고 다시 그 상자에서 다른 상자를 꺼내는 연속적 느낌에 사로잡힌다. 상자라는 단 하나의 사물을 매개로 삶을 관통해보겠다는 시도는 오히려 어떤 담론으로 환원될 수 없는 상자의 끊임없는 출현을 유도하고, 이 과정에서 시인은 어떤 방식으로든 삶의 전모가 완성될 수 없다는 실존적 자각에 이르는 것은 아닐까.

    새끼들을 거느린 오리가 이쪽을 옮긴다 어미 한 마리에 예닐곱 마리 오리 병아리 줄을 서서 옮기는 이쪽, 차들이 멈춰 서서 오리떼가 길 건너로 무사히 이쪽을 옮겨가기를 기다린다 저쪽에 확실히 무언가 있다 그렇지 않다면 이렇게 위험을 무릅쓸 이유가 없다 이쪽을 옮겨가면 더 고즈넉한 것, 이쪽을 옮겨가면 더 아득한 것, 이쪽을 옮겨가면 더 환한 것, 이쪽이 조심조심 오리떼를 타고 저쪽으로 건너간다 오리떼는 잊을 만하면 한 번씩 차들을 세우고, 이쪽과 저쪽을 연결하는 위대한 사업에 사람과 차들을 동참시킨다 길 건너 저쪽이 나란히 줄 선 오리떼가 옮겨오는 이쪽을 기다린다

_「저쪽」 전문

최정란의 시는 바로 이 지점에서 상투적인 구도의 자세가 아니라 자기에게서 빠져나와 새롭게 도전하는 시선으로 현존재를 들여다본다는 점에서 차이가 있다. 그의 시는 "이쪽"이 아닌 "저쪽", 해답이 아닌 질문, 안전이 아닌 위험, 노련한 성공이 아닌 미숙한 실험을 향해 끊임없이 나아간다. 이는 바르트가 오르페우스 신화를 빌려 이야기한 '글쓰기의 실패'와는 완전히 다른 차원의 성격이다.

　시가 세계나 존재를 계시하는 수단이나 목적이 되기를 잊어버릴 때, 문학은 늘 '설렘과 그리움을 간직한 미완의 상태'로 남는다. 이번 '분홍' 연작은 시집의 이러한 성격을 말해준다. 비유하자면 '분홍'은 최정란 시인의 시라는 공간에서 활동하는 일종의 아바타라고 할 수 있다. 분홍이라는 닉네임을 가진 아바타는 시라는 가상 공간에서 시인이라는 자기 정체성을 감추고 다른 인격체로 활동하거나, 현실에서 억압된 정서를 자유롭게 드러낸다. 설령 분홍의 모습이나 분홍의 상황이 시인이 현실 속에서 경험하는 누군가의 삶과 닮았을지라도 이는 사실적 재현과는 무관하다. '분홍'은 최정란의 시가 낡고 지루해져 버린 현재에 대한 실감과 잊어버리고 싶지 않은 과거 욕망에 대한 기억의 안팎을 붙이고 꿰맴으로써, 그 의미화에 따르는 끊임없는 자기 점검 속에 있음을 보여주는 하나의 표상이다. '분홍'은 최정란 시의 특이성을 드러내는 단어인 동시에 독자에게는 시적 상상력의 전개에 따른 일종의 문학적 경험을 선사한다. 이로써 세계는 '다시' 포장지를 뜯기 전의 선물처럼 유혹적이거나 미지의 무한한 가능성, 또는 목숨을 건 "수수께끼"와도 같은 위험성으로 충만해진다.

누구의 발목도 자르지 않아요 누구의 흰 목도 잡아 빼지 않아요 누구의 척추도 당겨 늘이지 않아요 아무도 해치지 않아요 악몽은 잊어요 남은 한 자리 주세요 그 라꾸라꾸, 이 침대는 아무것도 맞추라고 강요하지 않아요 검은 라꾸라꾸를 팔고 분홍 라꾸라꾸를 사고 라꾸라꾸를 출발해요 라꾸라꾸를 달려요 라꾸라꾸를 향해 달려요 베개버스 보내고 담요트럭 보내고 오리구름 헤치고 고래바람 헤치고 공룡기념관 헤치고 상어시장 헤치고, 라꾸라꾸가 달려가요 등대 밝히고 부표 띄우고 물결 타고, 하루에 두 번 출항하는 라꾸라꾸, 아침이면 안개가 짙은 라꾸라꾸, 한 달이 일 년이 되고, 일 년이 일생이 되고, 이번 생의 목적지는 라꾸라꾸, 당신의 침대는 너무 단단하고, 해먹은 흔들리고, 분홍의 빈

라꾸라꾸에 무엇을 태워야 하나* 파랑도 금지도 잊어요 이
따금 결항해도 좋아요
* 유미리, 내 젊음의 빈 노트

_「분홍 라꾸라꾸」 전문

직립해 있는 존재가 아름답다고 한 이는 알베르토 자코메티다. 그가 1960년에 제작한 청동 조각상 '직립한 사람(L'Homme qui marche)'은 뼈대만 남은 듯 극도로 마르고 긴 형태와 거친 질감을 하고 있다. 그의 작품은 삶의 고뇌와 허무함을 보여주지만, 그럼에도 불구하고 앞으로 나아가는 조각상의 모습은 삶의 의지를 상징한다. 비교하자면 분홍 라꾸라꾸의 주인은 내용과 형식 면에서 이와는 정반대의 인간형이다. 일단 그는 (아마도) 침대에 몸을 눕히거나 앉은 자세로 가볍고 신나게 모험의 세계로 떠난다. 소녀와 소년을 합쳐 놓은 듯한 중성적 감수성으로 풍부한 침대의 주인은 세상에 때 묻지 않은 순수함과 풋풋함, 단순함과 발랄함, 미숙함과 불안감을 동시에 안고 있는 예측 불가능한 상상계적 인물이다.

"라꾸라꾸를 출발해요 라꾸라꾸를 달려요 라꾸라꾸를 향해 달려요"라는 요청은 자꾸자꾸 출발하고, 반복해서 달리며, 끊임없이 무엇을 시도하자는 구호로 들린다. 화자가 모험의 수단으로 접이식 침대인 라꾸라꾸를 선택한 이유란 그것의 이동이 간편하고, 무엇보다 라꾸라꾸가 일본어로 '편안'이라는 뜻을 가져서가 아닐까 싶다. 라꾸라꾸가 아무도 해치지 않는다는 대목은 나그네의 발목을 자르거나 몸을 억지로 늘여 죽게 만드는 '프로크루스테스의 침대(Procrustean bed)'를 연상하게 만든다. 주지하다시피 이 신화 속 침대는 자신의 일방적인 기준이나 사고방식에 다른 사람이나 사물을 억지로 맞추려는 독선적 태도를 비유하는 관용구로 흔히 사용된다.

프로크루스테스의 침대를 거부하는 화자는 세계를 모험으로 받아들이는 미성숙한 주체로, 상징계의 세례를 받은 적이 없는 깨끗하고 맑은 감성의 존재로 그려진다. 상식적인 발상과 전개를 거부하는 이 작품의 놀라운 생동감은 라꾸라꾸가 마치 마법의 양탄자처럼 화자를 태우고 모험을 떠나는 몽상과 환상의 결합에 있다. 잠자리에 필요한 일상의 세목들, 즉 버스나 트럭으로 변신해 달리는 베개나 담요를 추월해서 달리던 라꾸라꾸는 비행선이 되어 하늘을 날기도 하고 배로 변신해서 해저로 잠수하기도 한다. 오리가 구름이 되고 고래가 바람이 되며, 상어가 시장으로 변신하는 등 시는 도무지 지루할 틈이 없다. 공상만화에나 나올 법한 마법의 세계를 시끌벅적 동원하는 이와 같은 발상은, 시인의 시적 충동이 진부한 현실에 꿈을 입힘으로써 새로운 현실을 창출해내려 열심임을 암시한다.

> 피투성이 발굽의 노래, 가파른 벼랑의 노래
> 절체절명도, 절박함도, 무모함도 모두 어쩔 수 없이
> 노래가 되는 벼랑에 산양이 산다
>
> _「분홍숨-산양」 부분

 삶은 철학적·사회학적 의미에서 상자처럼 사물화되어 있고 사물화된 만큼 주체로서의 특성이나 가치가 철저히 무시된다. 헤르타 밀러의 '숨그네'가 연상되는 시인의 '분홍숨'은, "제가 제 벼랑인" 절체절명의 삶과 안식과도 같은 죽음 사이에서 위태롭게 흔들리는 존재의 가쁜 호흡을

복합명사로 은유하고 있다. 최정란 시의 '분홍'은 이러한 존재론적 인식을 배면으로 한다.

그러므로 "이번 생의 목적지는 라꾸라꾸"이듯, 화자는 "분홍에 가기 위해" 너무 빠르거나 너무 느린 기차를 타면 안 된다. 화자를 모험의 세계로 데려다주는 라꾸라꾸는 분홍이고 분홍은 예컨대 온 세상을 칠할 수 있는 페인트공(「분홍 페인트공」), 소녀 취향을 존중하는 키치(「레이디 핑크 자몽 하이볼」), "단발머리 앞머리에 매달린 구루푸"(「분홍 구루푸」), "제가 제 벼랑인 짐승"(「분홍숲-산양」), "서로의 말들의 어깨를 더듬더듬 더듬는 소녀들, 서로의 문장을 외줄 타듯 비틀비틀 걷는 소녀들, 콩콩 뛰는 심장을 손 위에 꺼내 든 소녀들"(「동그란 분홍 각설탕」), 혹은 "아삭한 분홍, 고소한 분홍, 섬세하고 화려한 분홍, 우아한 분홍, 거품 가득한 분홍, 부드러운 열을 발산하는 분홍"(「분홍폐족」) 등등이거나 태도가 삐딱해서 교사나 어른들의 따분한 훈계를 부르는, 장래 희망란에 해적이라 적는 "골통 분홍"반 청소년이다.

빈칸에 해적이라 적는다 장래희망은 왜 해마다
갱신되어야 하나

되고 싶은 것이 너무 많아, 실은
되고 싶은 것이 아무것도 없어, 없음
썼다 지우고 다시 적는다 무언가는 적어야 하니까

해적이라니, 도대체 너는 뭐가 되려고
해석하기를 좋아하는 길죽한 손이
새 나라 청소년의 원대한 장래희망을 지우기라도 하겠다는 듯
칠판지우개를 과장되게 흔든다

해적이 어때서, 골똘 분홍, 낙서가 도드라진다
골통 분홍이겠지 교무실로,
학년이 바뀌었으므로 불려간다

장래가 농담 같아,
각진 입들이 한 마디씩 물음표 달린 훈계를 보탠다

농담이면 좋겠어요, 저도

진담이어서 힘들어요, 저도
아무도 내게 무엇이 되기를 기대하지 않으면 좋겠어요

_「분홍해적」 부분

 아무도 내게 무엇이 되기를 기대하지 않으면 좋겠다는 아이의 언술은 정해진 답만을 요구하는 어른들에 대한 항변이지만, 결론은 그들과의 단절을 경험하며 현실을 일탈하고 싶은 욕구로 이어질 따름이다. 분홍은 "되고 싶은 것이 너무 많아, 실은/되고 싶은 것이 아무것도 없"는 주체의 꿈과 미래, 변화와 생성, "나 말고 다른 것"이 되고 싶은 기상천외한 소원, 그리고 기상천외하고 신나는 일이 벌어지는 모험 속으로 뛰어들어 무엇으로든 변신할 수 있는 무한한 가능성이라 할 수 있다.

가출하고 말 결심을 다지던 분홍플랫폼에서
분홍철로를 건너 백 걸음 쯤 걸어가면
툇마루 나무뒤주에 앉아 공부하던
짝사랑이 살던 집

손가락만한 호두벌레가 뛰어내리는 호두나무
골목 안으로 꺾어 돌면, 흰 탁구공
톡톡 튀는 동그란 시간을 주고 받던 분홍탁구장
큰길 왼쪽에 분홍문구사
갈림길 오른쪽에 분홍편지를 삼킨 분홍우체국

떠난 줄 모르고 떠난 분홍역에서
아무 말도 쓰여있지 않은 얇은 분홍을
한 장씩 질겅거리며
얼마나 많은 분홍손을 흔들었을까

_「분홍역」 부분

한편으로 '분홍'은 플랫폼이나 철로, 문구사, 탁구장처럼 실제 존재했던 장소들에 대한 기억에 섞여드는 화자의 애틋한 감정이기도 하다. 청소년 시절의 소소한 일상과 관련된 장소들과 결합하는 '분홍'은 화자의 기억이 낭만적 아름다움으로 채색되었음을 보여준다. "얼마나 많은 분홍손을 흔들었을까"라고 되묻는 시의 마지막은, 미처 알아채지 못했던 수많은 '작별'의 순간들에 대한 회한을 담고 있다. 진부한 현실을 갱신하고 쇄신하기 위해 덧씌우는 꿈인 '분홍'이 기실 멀어진 우리의 과거를 수식한다는 사실은, 지나간 시절의 순수하고 아름다운 기억에 작별을 고하는, 아련하고도 쓸쓸한 감정을 담아내는 내면적 표상이 '분홍'임을 말해주는 것이다.

최정란의 시에서 세계-내-존재로서의 존재 일반은 끊임없는 선택과 운동의 과정 중에 있다. 그런 맥락에서 '상자'와 '분홍'은 『분홍이라니』와 접속할 수 있는 대표적 코드다. 둘은 바둑판 위의 검은 돌과 흰 돌처럼 얽히고설키며 존재의 집을 짓고 그것을 허문다. 시인은 각양각색인 상자의 물목을 통해 생의 과정을 감각적으로 그려낸다. 그것들은 억세고 질긴 생명의 현상, 모순되고 어긋나며 대립하고 충돌하는 아이러니 그 자체의 범람으로 포장되거나 포장을 벗고, 배달되고 수거되며 쏟아진다.

'상자'가 이러하다면 '분홍'은 "한숨도 열망도 내려놓은" 현실에 "파랑도 금지도 잊어"버린 초현실이 틈입하는 구멍이다. 혹은 "칼집은 무너지고 술병은 비어" 있는 현재에 "취생몽사, 몽생취사"와도 같은 과거가 돌아오는 문으로 기능한다. 현실에 균열을 가하는 마법적 힘으로서의 분홍은, 열린 텍스트의 가능성을 부단히 실험하는 갱신의 언어로 무한 번식한다. 삶은 이로써 비결정성과 불완전성에 가 닿는다. 분홍은 익숙한 삶으로부터 탈주하는 마법, 혹은 낯선 모험지대로의 이주를 꾀하는 최정란 시의 미스터리다.

지은이 최정란

경북상주에서 출생, 2003년 〈국제신문〉 신춘문예로 등단했다. 시집 『독거소녀삐삐』 『장미키스』 『사슴목발애인』 『입술거울』 『여우장갑』이 있으며, 최계락문학상, 시산맥작품상을 수상했다.

cjr105@hanmail.net

같이 가는 시 011
분홍이라니

2025년 10월 10일 초판 1쇄 발행

지은이　　　　최정란
발행인　　　　손순미
펴낸곳　　　　도서출판 **같이 가는 기분**
표지디자인　　손음
출판등록 제 333-2024-000037호
부산광역시 해운대구 대천로 187 305호(좌동, 해운대화목타운)
전　화 010 9808 0157
이메일 design6167@naver.com
ISBN 979-11-990584-2-2(02810)

값 14,000원

*본 도서는 부산광역시, 부산문화재단〈부산문화예술지원사업〉으로 지원을 받았습니다.

*잘못 만들어진 책은 교환해 드립니다.

MGT THEMOODINGOINGTOGETHER

같이 가는 시
목록

001
002
003
004
005
006
007
008
009
010 고독한 건물 손 음
011 분홍이라니 최정란